AF232061

OPINION

ET

RÉFLEXIONS IMPARTIALES

D'UN AMI DE L'ORDRE,

SUR

NAPOLÉON ET LES CIRCONSTANCES;

Par V.

A PARIS,

Chez Adrien GARNIER, Libraire, rue de
Sorbonne, n°. 4.

SEPTEMBRE. — 1814.

OPINION ET RÉFLEXIONS

SUR NAPOLÉON

ET LES CIRCONSTANCES.

TELLE est la destinée des potentats, que le même peuple les encense lorsqu'ils sont puissans, et qu'il les traite avec ignominie alors qu'ils sont malheureux. Je n'imiterai pas ces écrivains lâches et mercenaires, en appuyant cette vérité de faits dont le souvenir déchirant peut perpétuer nos douleurs et notre honte : non que je veuille me faire illusion sur la conduite de Napoléon ; mais l'injustice et l'aveuglement des libellistes m'indignent et justifient en quelque sorte à mes yeux celui que leur plume vénale persécute. *Moins généreux que le roi*, ils jouissent en créant ces brochures ordurières imprimées par l'enthousiasme d'un jour ; et ceux que la nature a doués de quelqu'imagination, rivalisent d'insolence contre un souverain qui n'est plus même l'ombre de lui-même, et de démonstrations d'attachement à la nouvelle constitution, à laquelle ils ne seraient pas plus fidèles si Alexandre ou Mahmoud s'emparait demain des rênes de l'état.

Napoléon sur le trône n'eut qu'une faible partie de mon estime; puisqu'il en est précipité, il ne faut pas que la prévention ni le ressentiment aient part au jugement qu'on doit porter sur lui. Je le déclare avec toute la franchise et l'urbanité françaises, quelle qu'ait été l'opinion publique dans tous les temps, elle n'a jamais influé sur mes principes, parce qu'ils sont invariables et basés sur l'honneur et le véritable amour de la patrie. Fort de ma conscience, je ne me bornerai pas à observer les causes et les effets des événemens politiques qui viennent de se passer sous mes yeux; mais j'émettrai sans crainte et sans fiel, mes observations sur l'opinion que la postérité doit porter sur la vie, le caractère et les principes d'un homme qui fut haï autant qu'admiré.

J'ai vu dans le calme de la résignation, le cours rapide de la révolution qui vient de s'écouler. Je l'ai jugée nécessaire sans approuver ou blâmer les opérations du génie qui la détermina. Le règne de Buonaparte est un exemple frappant de gloire et de vicissitudes qui ne se reproduira peut-être pas. Qu'on croie un instant que son élévation fut déterminée par des mouvemens extraordinaires, cela peut être raisonnable sans être évident; mais qu'on ait la faiblesse de supposer des causes surnaturelles à sa prospérité, il ne faudrait que du bon sens pour réfuter une opinion aussi abstraite et aussi équivoque.

Laissons donc au temps et à l'expérience le soin de mûrir le jugement qu'on doit porter sur cet homme extraordinaire. La discussion en appartient exclusivement à la postérité; un individu n'est jamais bien jugé, soit en bien soit en mal, par ses contemporains. J'ai interrogé quelques partisans de Napoléon, rien de plus évident qu'il était digne de régner; j'ai sondé la conscience de ses antagonistes, sa chute terrible n'est que l'effet de la justice divine. A qui donner raison ? Ni à l'un ni à l'autre, il me semble, parce qu'il faut examiner le caractère, les intentions de l'individu, les circonstances, le siècle et l'esprit national, pour bien juger l'homme d'état. C'est ce que n'ont fait ni les partisans ni les antagonistes de Napoléon. Mais, dira-t-on, qui osera donc écrire l'histoire impartiale de notre siècle ? Ce sera l'écrivain courageux qui, fort de sa conscience, saura dire la vérité; l'écrivain qui n'aura adopté les opinions d'aucun parti; l'écrivain qui ne vendra pas sa plume, qui n'adulera point les grands pour mendier des grâces, qui saura enfin braver les sarcasmes et les persécutions, pour plaider la cause de l'humanité. Cet écrivain courageux doit s'élever un jour, et écrire l'histoire de nos destinées, l'image de Tacite et le tableau de la mort de Lucain sous les yeux. Il n'est pas à naître, et peut-être ne tardera-t-il pas à poser les fondemens d'un monument qui doit éclairer et étonner les nations.

Enfin, Buonaparte n'est plus une puissance colossale. Sa chute terrible est pour la France une véritable commotion électrique, qui semble la faire respirer avec plus d'aisance. Cette chute a pu étonner la masse du peuple Français, qui ne savait le mesurer qu'à la hauteur où la fortune l'avait porté; mais cette chute était inévitable. Depuis octobre dernier jusqu'en avril suivant, le désordre avait fait de tels progrès dans l'administration, que la mesure était comblée. Les Cambacérès, les Clarke, les Montalivet, les Savary, ont seuls, j'ose le dire, le secret de l'état, dont la moitié ne sera jamais dévoilée. Ils pourraient révéler des choses importantes à l'histoire de ce siècle ; ce serait, je crois, une terrible leçon pour les générations futures.

. . . .
. . . .
. . . .
. . . .
. . . .
. . . .
. . . .
. . . .
. . . .
. . . .

Serait-on assez aveugle pour ne pas voir dans les Anglais, les Romains de la politique, avides d'envahir l'univers pour le gouverner despotiquement?

Pauvre Europe, oublies-tu à quel prix l'Amérique veut enfin redevenir libre et se policer ?

Buonaparte régnait, et le continent, réduit au silence par la terreur de nos armes constamment victorieuses, ne cherchait plus à recouvrer la liberté au prix de quelque grand sacrifice. La confiance avait fait place à la stupeur, et le diadème n'était plus qu'un vain ornement sur la tête des rois consternés.

Mais tout-à-coup un jeune héros rassemble ses légions nombreuses et long-temps dispersées par l'aigle française ; il persuade aux potentats avilis qu'ils peuvent espérer encore, et bientôt l'étendard du Nord est arboré sur les murs d'une cité qu'on avait regardée jusqu'alors comme la reine du monde.

Tu parus, magnanime Alexandre, pour nous offrir la paix, et non des fers ! Tu préféras les bénédictions d'un peuple ami des arts, aux trophées d'une victoire. . . . .

N'importe, après tout, si l'olivier croît à l'ombre des cyprès dont la France est couverte, et si, devenus enfin plus raisonnables sous la verge du malheur, nous ne cicatrisons plus la blessure de l'état qui saigne encore.

Cependant le règne de Napoléon est-il sans gloire et sans quelque prix ? n'a-t-il rien laissé qui atteste l'existence des arts ? Les monumens qu'il a élevés, les abus qu'il a détruits, les établissemens qu'il a créés, les embellissemens dont il orna le sol français, tout cela ne doit-il pas faire mépriser les platitudes qu'on vomit contre lui ? Français, soyez, sinon justes, mais conséquens, les vociférations ne peuvent être de votre goût : livrez, livrez donc les pamphlets au mépris, à la haine, et sachez surtout repousser un *Journal* qui veut se faire lire *gratis* par tout le royaume.

Eh ! qui contestera ces travaux qui honorent notre siècle, qui feront toujours notre orgueil, ces travaux dignes des Romains, que Napoléon fit exécuter sur tous les points de l'empire ? Seras-ce vous, esclaves de l'opinion et des grands, et vous aussi, vampires de la littérature, quand les Bourbons n'ont pu leur refuser leur admiration ? Et sans chercher à établir une compensation judicieuse, qui n'effacerait cependant pas ses fautes, ne serait-ce pas déjà un très-grand avantage que celui d'avoir porté un coup mortel à l'hydre du fanatisme ?

Le fanatisme ! ah ! j'en appelle à toutes les nations du monde connu : si la liberté de la presse eût existé depuis dix-huit siècles, la superstition de notre religion n'eût pas eu des idoles, des autels, des martyrs, des orateurs ; la France n'aurait pas à rougir de la Saint-Barthélemi ; Naples, des vêpres siciliennes ; l'Espagne, des massacres de l'Amérique ; l'opinion anti-religieuse n'eût pas eu de déclamateurs ni de partisans outrés, et le sang de plus de trente millions de victimes n'eût pas coulé par torrens sous le fer du fanatisme religieux........ Qui plongea un poignard dans le sein de Henri IV et dans les flancs de Henri III son prédécesseur, de Louis XV, de Joseph II, souverain de Portugal, de Duphot, notre Régulus, si ce n'est le fanatisme ? Qui proscrivit et persécuta Raynal, J.-J. Rousseau, Galilée, Abeilard, le vertueux Fénélon, si ce n'est le fanatisme ? qui fit périr le septuagénaire Calas, du dernier supplice, si ce n'est le fanatisme ? Qui osa calomnier le nom et la mémoire du grand Julien, empereur romain, si ce n'est le fanatisme ? Qui corrompit le cœur de Charles IX, de Louis XI, de Philippe II, de Ferdinand, de Charles-Quint, d'Omar, de Mouley-Ismaël, de Marie, fille de Henri VIII, roi d'Angleterre, si ce ne sont pas la superstition et le fanatisme ? Qui osa, si ce n'est le fanatisme, égarer Louis XIV, dans l'arrêt qu'il rédigea pour la validité de la révocation de l'édit de Nantes, faute d'autant plus grave que ce prince n'ignorait pas les horreurs qui devaient résulter de la publication de ce décret inique ? Les guerres sanglantes, longues et inutiles contre les Albigeois, les Hussites, les Irlandais ; les massacres de Savoie, de Piémont, de Cabrière, de Mérindol ; les échafauds de Hongrie ; les croisades ; les supplices de toute espèce qui ont affligé l'Europe pendant quelques siècles ; les bûchers qui dévorèrent les Templiers et tant de milliers de Juifs; les cruautés des Portugais et des Espagnols ; l'institution des flagellations; les fureurs et les folies de la magie ; les sacrifices de victimes humaines qu'on faisait à Malabar, au dieu Moloc, sur les rives fertiles du Gange, et enfin l'inquisition, ne sont-ils pas l'ouvrage du fanatisme ? Qui confia si long-temps à Calchas et aux Druïdes, le poignard d'expiation, si ce n'est le fanatisme ? Qui fit refuser une sépulture honorable et méritée, à Voltaire, à mademoiselle Lecouvreur et à mademoiselle Chameroy, si ce n'est le fanatisme ? Dirai-je comment les Jésuites étaient parvenus à semer le trouble, la sédition, de perfides principes, dans la Chine, dans les états du roi d'Espagne, en Asie, en Amérique, dans les provinces de Parme, des deux Siciles et de Malte, d'où ils se firent chasser comme corrupteurs et conspirateurs ? L'esprit de ces religieux et de quelques ordres, n'était-il pas l'esprit même du fanatisme ? Dirai-je aussi pourquoi les Francs-Maçons sont persécutés aujourd'hui avec une fureur qui a peu d'exemples ? Parlerai-je enfin du fanatisme de tant de successeurs de saint Pierre, qui prostituèrent le siége papale, qui vendirent au tarif les indulgences et la rémission des crimes et des péchés, et dont la politique avare et astucieuse bouleversa si long-temps l'Europe, en dépossédant les rois, ou en mettant les trônes en interdit ?

Aurions-nous à craindre que de pareilles horreurs se renouvellassent de nos jours ?.... Non, s'il faut en croire la promesse du roi, ces horribles vexations et l'intolérance qui les suit, ne seront pas mitigées par celui qui vécut vingt ans à l'école du malheur, qui a été à même de juger les hommes, de connaître la vérité, de distinguer les nuances de l'esprit humain dans les circonstances paisibles et dans les circonstances orageuses, et d'apprécier l'opinion et l'esprit publics, avec l'impartiale garantie d'une conscience libre et d'un cœur juste.

. . . .

. . . .

. . . .

. . . .

Ombre de Louis **XVI**, je serais presque tenté de t'évoquer !.... Loin de me blâmer, tu ne verrais sans doute dans cet appel qu'un acte de justice, toi qui te proposais de rappeler à la tolérance les préceptes de l'évangile et la liberté de conscience ! Les révolutions de 1789 et 1814 ont été déterminées par des causes évidemment contraires et également puissantes. La première a été pleinement déterminée par le besoin d'un changement dans l'ordre établi (ou préétabli), la philosophie ayant éclairé le peuple sur sa force et sa dignité, la seconde, n'a été opérée que par le besoin extrême de secouer un joug de fer, et de déjouer des projets qui ne tendaient rien moins qu'à étouffer jusqu'au germe de toute idée libérale , de tout sentiment national , de toute pensée élevée.

Sans remonter aux causes principales qui déterminèrent l'éruption du volcan révolutionnaire de 1790 , nous voyons d'Orléans conspirer contre les siens, et tremper une main fratricide dans le sang innocent. Ce crime n'est pas étonnant en lui-même, parce que l'ambition ne connaissant ni frein, ni considérations, ne distingue pas les victimes , et sacrifie sans peine, un père, un frère, un ami, quand il s'agit de s'emparer d'un sceptre.

Mais lorsqu'on vit ce malheureux prince entraîné par de faux principes, et déjà trop égaré par ses infâmes courtisans, qui ne voulaient que sa perte, servir d'instrument au coupable parti dont il se croyait le chef, et dont il n'était que l'organe, et adopter indiscrètement ou sans choix toutes les opinions des brigands qui affermissaient leur marche audacieuse avec son or ; il ne fut pas difficile de distinguer les tyrans, j'ai presque dit les bourreaux de la nation. Ces nouveaux triumvirs ayant imprimé à l'État une sorte de stupeur qui paralysait le peuple, profitèrent de cet état d'inertie pour défendre à la pensée de s'exprimer librement. Dès-lors , l'énergie de l'homme parut éteinte ; il semblait que le même sort était réservé à l'esprit public. Oh ! si les citoyens avaient eu plus de confiance dans la justice de leur cause, ne devaient-ils pas secouer le joug que leur imposait une poignée d'individus avides de sang et de richesses, et donner ainsi l'essor convenable à la pensée nationale ? Leurs efforts n'eussent pas été vains. Je sais trop que plusieurs auraient payé de leur tête leur audace patriotique ; mais encore il n'eût pas été difficile de rencontrer des hommes assez généreux pour se sacrifier au salut de la France, il y en a tant, parmi les victimes de l'anarchie, qui se sont dévoués à une mort volontaire pour ne pas survivre à l'esclavage de notre pays ! Mais quels triumvirs fallait-il que l'imprimerie désignât ? Quels monstres était-il urgent de sacrifier ?.... J'entends déjà la voix publique accuser Robespierre et ses acolytes. Cet homme, cria-t-on de toute part, est *seul coupable* de tous les maux de la France, dont la blessure saignera longtemps..... On s'est trompé, on se trompe encore. On lui a imputé, *à tort,* tous les crimes politiques qui se sont commis de son temps : lui qui n'en était que l'INSTRUMENT PASSIF. On se servait de son nom pour consommer les plus grands forfaits. Il est juste de rendre hommage à la vérité, quelle qu'elle soit. Celle-ci, quoique bien terrible, ne tardera pas à paraître au grand jour, et c'est alors que les vrais coupables seront dévoilés. Quiconque a connu particulièrement Maximilien Robespierre, qui a été à même de scruter son âme et juger ses intentions avec impartialité, malgré les clameurs et les raisonnemens captieux des historiens de nos jours, ose réfuter cette allégation.

Non que je veuille justifier la conduite de l'Artésien, et que j'ambitionne l'honneur de défendre sa mémoire; cette gloire équivoque appartient exclusivement au courtisan outré F.....s, à l'éloquent R........-D.-S....-J...-d'.....y (1), orateurs consommés dans la déclamation adulatrice.

Les traîtres les plus dangereux, les véritables assassins du peuple Français, étaient dans le sein de la convention nationale. Oui, c'était là qu'il fallait chercher les bourreaux de Louis XVI, nés de la minorité révoltée de l'assemblée des notables de 1787, ensuite les septembriseurs, les monopoleurs de notre sol, que leur avarice a rendu si long-temps stérile, en un mot, les brigands titrés de l'espèce humaine. A la faveur du nuage d'Ixion, ces monstres se disaient des dieux privilégiés et des législateurs; et afin de mieux assurer leurs coups dans l'ombre, ils affectaient une certaine dignité dans leurs perfides réunions au manége, qu'ils n'avaient que trop bien changé en

______

(1) Ce dernier est né avec les plus grands moyens oratoires. Il eût été le Cicéron de notre siècle, s'il avait employé ses talens et ses lumières pour des causes justes, et s'il avait eu le courage de dire la vérité à Napoléon qu'il a égaré si souvent pour notre malheur. Ce Démosthène si dangereux n'a suivi que l'impulsion de son caractère vicieux, et semble n'avoir été doué d'un génie si grand que pour faire le mal et tourmenter l'espèce humaine.

antre de crime. Et ce sont ces mêmes hommes qui, après avoir foulé indignement aux pieds les droits les plus saints de la nature et de la société; après s'être déclarés les ennemis des rois dans un temps, aristocrates dans un autre, ensuite antidotes de la république qu'ils avaient fondée; après avoir vendu la patrie à Buonarparte; après s'être proclamés ses esclaves; après avoir rampé à ses genoux pour obtenir de l'or et des distinctions; après avoir applaudi à ses desseins gigantesques; après l'avoir adoré comme un Dieu, pour mieux le précipiter dans l'abîme, quoique comblés de ses bienfaits; après avoir vendu leur plume et leur voix à l'encan; après avoir prodigué pendant dix ans la vie et la fortune des citoyens. . . . .
. . , ...
. . . .
. . . .
. . . .

Voilà pourtant les novateurs que les descendans des Francs n'ont pas distingués, ceux enfin qu'ils appelaient à leur tête. O coupable et faible nation, tu n'avais qu'à punir des traîtres qui riaient de ta sécurité, de ta confiance; tu devais en faire un exemple éclatant. . . . . L'enthousiasme pour la liberté que tu n'as jamais connue, t'aveuglait au point que tu rejetais les leçons de l'expérience, que tu t'endormais sans crainte sur les bords du volcan, que tu refusais de croire à l'existence des vautours qui dévoraient le principe de ta vie politique (1)....... Et tu oses te plaindre, quand tes malheurs sont presque ton ouvrage ! Va, tes voisins ont vu tes fautes, et tes erreurs ne seront pas perdues pour tous (2).

Oui, j'ose le croire, l'estime que nos voisins nous avaient accordée, a dû s'affaiblir après le jugement de Louis XVI. Ils n'ont pas dû reconnaître ces mêmes Français dont l'attachement à leurs Souverains avait éclaté tant de fois. . . . . .

. . . .

La nation a jugé Louis XVI innocent. Alors il ne fallait pas moins que des juges sanguinaires, et disposés à briser le frein des lois, pour commettre tous les excès, après avoir condamné un prince dont la bonne foi, la douceur et la patience à supporter la captivité, dont le courage héroïque à souffrir les plus indignes traitemens, et dont la confiance dans la justice de sa cause, auraient désarmé la fureur des Caraïbes ; il ne fallait pas moins non plus qu'un peuple faible, tremblant,

-----

(1) On a fait dans ces temps de deuil, des lois fort sages. Aveuglés par cette apparence de justice, des infortunés réclamèrent contre des abus et des vexations, et furent charitablement jetés dans les cachots par ordre des *législateurs*. L'histoire sera grossie de ces sortes de faits.

(2) Voyez l'Histoire de France, par Lacretelle, l'auteur a examiné avec une sagacité rare, le pour et le conre. Son caractère impartial nous dispense de rapporter ce qu'il a dit : Il suffit de le citer pour savoir déterminer l'opinion et le jugement qu'on doit porter sur les démagogues de la révolution.

disposé à gémir et à se taire, pour rester tranquille spectateur de la scène effrayante du 21 janvier, plus tôt que de réunir les *derniers efforts du désespoir,* pour sauver une vie à laquelle était lié le destin de l'État, cette vie qu'il a laissé trancher, et à la perte de laquelle on n'a donné que des regrets et des pleurs inutiles. O Tronchet! ô Desèze! ô Malesherbes! vous avez fait ce que devaient faire tous les Français. Vous n'avez pas craint, vous, généreux défenseurs d'un prince malheureux, vous n'avez pas craint d'étonner l'univers par un courage d'autant plus héroïque, que la certitude de périr avec votre protégé, n'arrêta point l'élan de votre zèle, élan sublime qui ne vous promettait d'autre récompense que celle de la vertu, trop sages pour ne pas mépriser la stérile admiration d'un peuple lâche et stupide, qui vous contemplait sans oser applaudir à votre mémorable action.

Eh! si les Français avaient voulu imiter ces hommes courageux, ils n'avaient qu'à faire imprimer leurs opinions, puisque c'était leur propre cause qu'ils auraient défendue; et le roi et la France étaient sauvés. Dans ce cas, ils ne couraient pas plus de risques qu'en courbant un front docile sous le sceptre de la tyrannie.

Henri IV, Louis XV et son successeur, eurent des assassins; Napoléon n'eut que des esclaves, *esclaves timides qui n'osèrent jamais secouer de front un joug qu'ils détestaient.* Aujourd'hui que Buonaparte est loin de nous, des *braves* impriment, dans l'ombre, des lettres et des pamphlets composés après sa chute, et qu'ils datent avec la conscience des conventionnels, afin de faire louer leur prétendu patriotisme par la voie des journaux.

Mon langage étonnera peut-être ; soit : mais en écrivant avec l'esprit d'un homme qui s'estime assez pour ne pas adopter l'opinion d'aucun parti, on ne doit point s'attendre que je m'érige en apologiste ou détracteur d'un prince qui a fait des fautes graves et des choses admirables ; car ce langage ne s'altérerait pas devant son plus puissant antagoniste. Il est toujours honorable de rendre hommage à la vérité, même en présence de ceux qui sont intéressés à ne pas l'entendre.

. . . .

. . . .

. . . .

. . . .

. . . .

De l'aveu des Anglais, sans son ambition démesurée, Buonaparte eût rendu la France puissante et formidable pour long-temps ; il lui eût imprimé pour des siècles le caractère de l'empire Romain aux plus grandes époques de sa splendeur. On a traité de chimère son projet d'asservir la Grande-Bretagne, qui n'a échoué que par la guerre honteuse, impolitique et injuste contre l'Espagne (1), qui prouva que lorsqu'une nation n'est divisée ni d'intérêts, ni d'opinion, elle peut réduire ses plus puissans ennemis à demander la paix ; car il ne faut pas douter que si cette guerre avait encore duré trois à quatre ans, elle n'eût coûté davantage à la France que les campagnes de Hollande, d'Italie, d'Autriche, de la Prusse et de la Russie.

Ne combattant que pour vaincre, Napoléon crut trop long-temps que la victoire resterait fidèle à ses drapeaux, sans se douter qu'elle abandonne souvent ses favoris au moment où ils fondent sur elle de grandes espérances. On n'a donc jamais eu le courage de placer sous ses yeux le tableau de la fin de Pompée?

Le caractère de Napoléon n'est pas indéfinissable, comme on l'a cru : sans chercher à l'analyser, je puis décomposer ses traits, pour les peindre avec plus de vérité ; mais il faut l'examiner dans le cabinet : c'est là seulement où l'on peut juger l'homme mieux que le monarque (2).

Il était ensemble Périandre, Tarquin, Mahomet et Cromwel, c'est-à-dire qu'il réunit quelques-unes des qualités de chacun de ces hommes fa-

---

(1) Je tiens ce fait de plusieurs Anglais avantageusement connus.

(2) Voyez la brochure intitulée : *Précis historique sur Napoléon Buonaparte ; jugement porté sur ce fameux personnage.* On y trouve des traits d'une vérité frappante.

meux. *Périandre*, l'un des sept sages de la Grèce, gouvernait les Corinthiens ; il changea les lois de sa patrie, et en bannit la liberté ; il abusa du pouvoir qu'il avait usurpé, se rendit formidable aux nations voisines, exila un de ses fils, et écouta trop souvent un naturel ardent et ambitieux. Le portrait de *Tarquin* n'a point été flatté ; son nom n'a point échappé à aucun des orateurs qui ont eu à parler contre la tyrannie : mais sa conduite avant son malheur ; ses procédés pour les peuples vaincus ; sa libéralité envers les soldats ; cet art qu'il eut d'intéresser tant de gens à sa conservation ; ses ouvrages publics ; son courage à la guerre ; sa constance dans son malheur ; une guerre de vingt ans qu'il fit ou qu'il fit faire au peuple Romain ; ces continuelles ressources font bien voir que ce n'était pas un homme méprisable...... Les places que la postérité donne sont sujettes, comme les autres, aux caprices de la fortune. Malheur à la réputation de tout prince qui est opprimé par un parti qui devient le dominant, ou qui a tenté de détruire un préjugé qui lui survit (1)! *Mahomet* s'empara du sceptre de l'Asie, détruisit l'idolatrie, écrivit le Koran, et porta la gloire de son nom jusqu'aux extrémités du monde. *Cromwel* imita Mahomet, en prenant le ton d'un inspiré ; orateur et général, il savait aussi bien haranguer

____

(1) Voyez Montesquieu, *Grandeur et décadence des Romains.*

que combattre ; il s'éleva par son mérite et son ambition, se rendit maître du parlement, qu'il ruina par une cabale qu'il avait créée, déchirant alors le masque d'hypocrisie qui couvrait son front. Puis il dissipa les pairs, asservit les communes, se joua des nobles, et détruisit la liberté, au nom de laquelle le sang royal avait coulé. Enfin, pour terminer sa brillante carrière, il se rendit le monarque le plus puissant de l'Europe, et son ambition devint utile à sa patrie (1).

Que l'on combine les traits de ces potentats avec le caractère et la conduite de Napoléon, je doute qu'il soit possible d'y trouver une analogie inexacte. Mais il n'est pas temps de saisir le burin de l'histoire : la vérité est encore trop chargée d'illusions et de préventions.

Napoléon joignait à la dissimulation la plus profonde, le talent de la persuasion ; il n'était pas le même dans le cabinet et sur le trône : lors qu'il y était assis, il avait quelquefois la majesté d'un Romain ; mais ordinairement son regard était sinistre, impérieux, attérant ; il était difficile de ne pas trembler en sa présence, et d'exprimer avec facilité ce qu'on avait à lui exposer. Quand il était entouré des grands de sa cour, on pouvait l'entretenir aisément ; lui demandait-on une grâce ? un sourire ou un signe agréable d'approbation accompagnait son

____

(1) Voyez l'an 2440, par M. Mercier.

adhésion ; mais les vœux des supplians étaient rarement remplis ; car il accordait difficilement ce qu'il promettait. Le mot *humanité* était absolument vide de sens pour lui : jamais peut-être il n'a connu la véritable pitié ; on ne doit et on ne peut lui faire le même reproche quant à l'amitié : il était naturellement ingrat ; mais il savait récompenser le mérite. Il était aussi frugal que modeste dans ses habits. Il disait que dix minutes à table, un demi-quart d'heure à la toilette, et deux heures au lit, suffisaient pour remplir le vide du temps consacré au travail ; en effet, il mettait rarement plus de temps à consommer ces actes. On a jeté un ridicule sur le nom *Nicolas*, qu'on lui attribue ; l'on ne se doute pas que ce nom dérive du grec, et que, dans le sens étymologique, il signifie *conquérant, vainqueur des peuples*. Voilà comme on juge légèrement tout ce qui mérite d'être analysé ou commenté. Napoléon était très-actif et très-habile au travail : il savait surtout choisir son monde, et il travaillait lui-même avec ardeur... . . . . Il était extrêmement ombrageux dans son palais ; dans ses heures de méditation, la moindre chose l'effrayait, parce qu'alors toutes ses idées se confondaient, et la confusion ou le choc de ses pensées le troublait et finissait par l'égarer, au point qu'il ne reconnaissait pas même ceux qui l'approchaient le plus familièrement. On lui attribue, à tort, un excès de morgue et d'orgueil , qu'il ne connut jamais ;

. . . .
. . . .
. . . .
. . . .
. . . .

A-t-on raison de lui reprocher d'avoir imité les Romains, en renouvellant leurs arts et leurs monumens? Cette imitation (dans certaines parties) fait une portion de notre gloire!

Hélas! tous les admirateurs outrés, tous les novateurs qui pullulent dans les cafés, voudront-ils toujours se permettre de juger, quand ils ne s'accordent pas sur les principes de la raison et du droit? Mais les Caméléons, mais les Aristarques de circonstance, ne se donnent pas la peine d'examiner le droit, ou de statuer d'après les principes, parce que ces messieurs se sont doctement érigés en oracles du goût et de l'opinion. Heureusement que le trépié de la sibylle est tombé dans le Styx ; ce serait pis.....

Certes, les reproches qu'on peut faire à Napoléon, sont assez graves. Mais pourquoi ne voir que ses torts envers la France et même l'Europe? Que cette France profite donc enfin de ses malheurs, et que la paix ne soit plus une chimère pour les nations.

La paix! il a été permis de croire, pendant quelque temps, qu'il était aussi difficile de la posséder que de découvrir la quadrature du cercle e la pierre philosophale, malgré la belle doctrine des anti-physiciens et des adeptes. Comme cette paix ne sera réelle qu'autant que nos divisions seront éteintes (si ce miracle peut avoir lieu), les ministres nous apprendront bientôt, sans doute, comment ils travaillent à la prospérité de l'État.

De tous les pamphlets qui ont vu le jour depuis six mois, un très-petit nombre n'a survécu à l'oubli, qu'à la faveur de quelques idées patriotiques. Quelques-uns sont sous mes yeux, et méritent l'honneur d' l'analyse. Voyons d'abord les *philippiques*.

On demande *pourquoi l'on voit siéger dans le sénat Français, des étrangers*, en démontrant *qu'ils ne sont point habiles à maintenir ou à détruire la constitution*. L'auteur aurait du attendre l'époque de la création de la chambre des pairs, pour être conséquent avec lui-même. Si l'empereur eut tort d'admettre à la chambre sénatoriale, des hommes choisis dans les provinces subjuguées par ses armes, le roi aurait-il raison de conserver plusieurs de ces mêmes étrangers, dans les premières charges de l'état (1)? Au fait, les anciens punissaient les étrangers lorsqu'ils osaient se mêler de leurs affaires : nous sommes plus tolérans, nous les admettons.

Il serait injuste de pousser la passion haineuse,

____

(1) Oui, dira-t-on, si ces messieurs ont coopéré à la ruine de Napoléon, pour préparer à Louis les moyens de ressaisir le sceptre de France. Si le roi les conserve par reconnaissance, leur conscience (s'il leur en reste) les justi-

jusqu'à accuser tout le corps des sénateurs, des maux qui ont affligé la France depuis dix ans. Il faut excepter toutefois, et j'en connais qui n'ont pas à rougir d'avoir vendu leur plume ou leur voix. Qu'ils aient été nommés à la chambre des pairs, ou qu'ils aient été rayés de la liste, certes, la France n'a pas le droit de les juger (1). Que l'opinion publique désigne les coupables ; mais qu'elle cite avec satisfaction les membres qui ne se sont pas oubliés un instant dans les cas difficiles.

. . . .
. . . .
. . . .
. . . .
. . . .
. . . .
. . . .

La France, en courbant un front docile et timide devant un potentat que la gloire rendit absolu, ne lui donna-t-elle pas le droit de n'écouter que sa volonté ou la voix de ses flatteurs ? J'avais à peine dix ans, lorsque Buonaparte commença à paraître sur l'avant-scène politique. Ses succès rapides, loin de m'éblouir, me parurent dangereux : sa gloire naissante ne m'inspira que

---

fiera-elle assez pour leur persuader qu'il était de leur devoir de creuser un abîme à celui qui les comblait d'honneurs et de biens ? Quelle qu'en soit la cause, l'ingratitude est un crime que des supplices mêmes ne pourraient effacer.

(1) M. le comte D.... est dans ce cas ; on peut le citer avec orgueil. La nation peut à coup sûr applaudir à l'élévation des hommes d'un caractère intègre et d'une trempe d'âme comme les siens.

des craintes pour mon pays. Cet homme a le caractère de César, me disais-je avec amertume; à
une ambition démésurée, il joint les talens d'un
soldat consommé. Si le directoire lui décerne quelque pouvoir, il régnera un jour, et ma pauvre
patrie gémira de nouveau...... Députés, députés
coupables et pusillanimes, un enfant prévoyait les
destinées de la France; déjà il pensait qu'un jour
vous fouleriez avec dédain l'honneur et les droits
les plus sacrés de la société, que vous vendriez
votre conscience : et vous dormiez avec sécurité,
sans vous douter qu'il se forgeait dans les murs de
Paris des fers ignominieux pour cette France,
naguère si belle, si grande, si puissante, de l'aveu
même de l'Europe ! . . . .
. . . .
. . . .
. . . .

Eh ! Sénateurs de Buonaparte, à quel titre voulez-
vous donc paraître aux côtés des Bourbons, lorsque
vous n'avez pas eu le courage de vous saisir d'une
responsabilité qui eût au moins consolidé vos droits,
qui eût imposé des bornes à l'ambition de l'empereur, et qui nous eût épargné la douleur de voir
la conscription dévorer huit millions et demi
d'hommes (1), et la caisse du trésor éprouver un

______

(1) Ce nombre est encore modeste; mais il peut être
porté à coup sûr à onze millions de Français, depuis 1793.
La conscription n'est-elle pas une conséquence de la révolution ?

déficit de six cents millions environ (1). Il faut bien espérer des ministres actuels, et croire que, pour la sûreté des propriétés et des individus, ils se conformeront à la déclaration de l'article **XIII** de la charte, quoique le ministre de l'intérieur ait dit formellement et solennellement que la liberté absolue de la presse (2) a produit les jacobins ; qu'elle a travaillé pendant trois ans à détruire la monarchie, et qu'il est vrai qu'elle a été punie de ses excès, *mais pas assez* (3), malgré le manifeste publiquement tacite du roi, qui exhorte les Français à se réunir de cœur, et à oublier le passé. S. Ex. n'a pu ignorer les murmures qu'a occasionnés une observation aussi impérieuse ; car si le pouvoir exerçait aujourd'hui des recherches pour cause d'opinion, je doute très-fort qu'on puisse excepter cent mille Français dans toute l'étendue du royaume, qui pensassent réellement comme le ministre. Il n'était donc ni conséquent, ni judicieux, pour ne pas dire plus, de s'exprimer d'une manière aussi gratuite.

Ce qui rend les pamphlets d'aujourd'hui si dangereux, c'est le ton jacobinique outré qui perce à

---

(1) D'abord il a été évalué 1°. à 1,645,469,000 francs ; 2°. à 1,308,000,000 fr. ; et réduit ensuite à 759,000,000 fr., en vertu d'un retranchement de 549 millions non exigibles. Il est donc permis de croire fortement qu'il est encore exagéré.

(2) Cette liberté n'exista que sous le régime tolérant de l'assemblée constituante ; il est prouvé qu'on n'en a pas abusé alors.

(3) Voyez le *Journal de Paris* du 12 août 1814.

travers le faux zèle des ultra-royalistes et des ultra-révolutionnaires. Encore une fois, méfiez-vous de ces chiffons tels que la *Quotidienne*, et le virulent abbé *Baruel*, qu'on veut vous faire lire gratis. Les vérités historiques, et les revélations en politique ne se donnent pas à si bon compte : on les vend en boutiques ornées de glaces et de lustres ; demandez plutôt à mademoiselle Raoul déja si célèbre par sa réponse à l'écrit du virulent abbé, par ses idées sur la constitution (1), et par son journal *le Véridique*, dont le style jovial n'a pas, je vous assure, le don d'ennuyer. Sans cela, serait-elle femme ?

M. Bergasse a publié des réflexions dignes d'un député à l'assemblée constituante ; quelques-unes font surtout l'éloge de son cœur. Néanmoins toutes ses idées ne sont pas conformes aux principes de la saine politique, et doivent être considérées comme étant purement émanées des circonstances. L'enthousiasme ne peut être admis en législation : il faut au moins qu'il s'accorde avec la raison, pour être posé en proposition.

L'écrit intitulé : *Buonaparte jugé aux dépens de qui il appartiendra, etc.*, n'est pas non plus sans mérite ; mais il ne répond pas tout-à-fait à l'opinion que le titre fait naître. C'est en le suivant que nous pourrons en juger. D'abord il observe

---

(1) Cet écrit est plein d'excellentes idées politiques. On y trouve le mot heureux de *fanatisme d'honneur national*.

bénévolement que le *petit Corse* n'a été élevé que par charité, et par la générosité de M. de Marbœuf, *en reconnaissance des bontés que Marie Lœtitia avait eues pour lui ;* que sans la facilité du Corse à consentir à devenir l'*époux fortuné de la maîtresse* (1) *de Barras et de tant d'autres*, il serait peut-être encore ignoré ; car ce fut à cette *noble* alliance qu'il dut les faveurs de *Barras*, *d'ignoble mémoire ;* et qu'enfin il n'était qu'*un vil instrument d'une autorité plus vile encore*, etc. De quel titre peut-on qualifier de semblables expressions ? Le reste n'a rien que de judicieux ; mais on regrette de voir ces paragraphes dégoutans à côté de quelques pages heureuses.

Une des causes du désordre qui existait depuis dix ans dans notre système social, et par une conséquence naturelle, dans l'administration, on peut à coup sûr distinguer les naissances hors de mariage. Le nombre des enfans naturels nés à Paris en 1804, est de *un sur presque quatre*, et en 1814, du *sept dixième*. Ailleurs, à l'époque mixte, il est de *un sur dix*, autre part de *quatre sur le même nombre*, etc. Ce compte ne fait-il pas frémir ? Il n'y a point de doute qu'il devait laisser un horrible vide dans la statistique générale,

____

(1) M. Le D.... voudrait-il troubler la cendre de cette *Joséphine*, dont l'âme si belle et si noble avait gagné l'amour des Français, dont la mort prématurée fit couler leurs larmes ? Ne saurait-on jeter un voile sur les jours d'orage, pour jouir, par le souvenir, des jours sereins qui ont, par fois, embelli notre sol.

et préparer des vices dans la législation, aussi bien que dans nos mœurs.

Si dans notre système politique on pouvait admettre la législation indirecte (1), l'intérêt vrai de la nation ne serait plus un objet factice, un objet de pure discussion ; mais bien une garantie inviolable, et, comme on l'a dit, le palladium de la liberté publique, de la sûreté de tous. Sous Napoléon, il était impossible de prétendre à cette latitude, et le corps législatif et quelques sénateurs purs, intègres, furent punis pour avoir osé émettre une opinion franche qui disputait au monstre de la conscription le sang et la fortune des citoyens. Otez de nos annales le courage de nos magistrats, tout le reste ne sera plus qu'abus, que délire, que deuil, et quel trait de lumière pour nos institutions politiques et morales à venir !

On se tromperait si l'on ne voyait dans cette proposition qu'une multiplicité de lois : elle ne ferait qu'augmenter le chaos, ce qui déposerait contre l'inhabileté des législateurs, et l'ignorance du souverain. Dans un état monarchique bien or-

____

(1) Elle existe bien si l'on veut, mais non d'une manière exacte et consacrée par la nation à laquelle on n'a laissé qu'une latitude bornée dans ses votes. Je ne connais que la politique basée sur la morale et la raison : aller au-delà, c'est vouloir substituer l'égoïsme à la place du droit des gens. D'ailleurs nous verrons dans quelque temps si la chambre des députés suivra dans ses discussions le vœu du peuple. Qu'elle mérite autant que l'assemblée constituante, s'il est possible, et que du moins, ce vœu ne soit plus rejeté. Elle y gagnera dans l'estime publique, et le roi plus d'amour de ses sujets.

ganisé, sans la législation indirecte, point de résultats heureux pour l'ordre, d'équité dans la justice, de répartition intègre et sévère dans l'harmonie et les pouvoirs. Mais je ne puis tout dire ici.

La plus noble institution d'un État, est incontestablement une constitution basée sur l'esprit de la nation, sur ses idées, ses opinions, son caractère social, et surtout sur ses lumières naturelles. Si le législateur froisse cet ordre pour ainsi dire préétabli, il blesse la morale, et le premier *choc* (1) détruit son ouvrage. Car les rois ne peuvent ignorer que leur force et leur inviolabilité reposent et doivent être garanties par la constitution, qui seule peut les sauver des dangers. Il était donc impossible que la constitution de 1791 et le projet de celle du sénat pussent également se conserver, vu la disposition des esprits et de l'opinion.

Mais, dira-t-on, comment peut-on établir l'harmonie entre divers partis disposés au soulèvement les uns contre les autres, pour se saisir de l'autorité? Comment? En conciliant les chefs, en apaisant les faibles, en accordant des places à ceux qui n'ont que des moyens précaires, en récompensant le mérite. Eh! si vous avez déjà la force active en main, les lumières peuvent-elles vous manquer, à vous qui êtes déjà puissant, et qui aspirez au pouvoir transcendant? Mais si vous

____

(1) Ce mot rend difficilement ma pensée, et c'est le seul qui convienne ici. Les synonimes mêmes attestent la pauvreté de notre langue.

êtes doué d'énergie, et que vous sachiez gagner adroitement dans l'opinion, il sera nécessaire que vous éclairiez les démarches des véritables factieux, et que vous punissiez l'audace rampante et traître.

Napoléon pouvait tout, en pouvant le bien. Jamais prince n'eut une puissance aussi grande et des moyens aussi multipliés pour le faire. Il a presque toutes les qualités qui constituent un potentat heureux de l'amour de ses sujets, et un monarque qui veut illustrer son règne. Mais il a méconnu cette belle, cette généreuse France qui l'avait élevé; il a oublié qu'un peuple généreux n'est pas fait pour porter des fers, qu'il sait faire de grands sacrifices; mais qu'il veut les faire avec liberté, et que lorsque le souverain est juste envers lui, il n'y a pas de ressources qu'il n'en puisse tirer.

Je me bornerai à ces réflexions sur Napoléon et les circonstances : elles appartiennent de fait à l'historien qui voudra s'en emparer, parce qu'elles sont le type d'un développement essentiel au récit de notre révolution, et les accessoires de la vérité. Le besoin de signaler l'hypocrisie et la calomnie me pressait trop pour ne pas élever une voix ennemie de l'injure et du ressentiment, contre celle des F......... et des Chât.......... orateurs si habiles dans la déclamation adulatrice.

www.ingramcontent.com/pod-product-compliance
Lightning Source LLC
Chambersburg PA
CBHW071431030726
47594CB00006B/2675